EL MAR EN TU CIELO

ExLibric

MERCHE GONZÁLEZ MONTIEL

EL MAR EN TU CIELO

EXLIBRIC

ANTEQUERA 2024

EL MAR EN TU CIELO
© Merche González Montiel
Diseño de portada: Nieves Arceredillo/Dpto. de Diseño Gráfico Exlibric

Iª edición

© ExLibric, 2024.

Editado por: ExLibric
c/ Cueva de Viera, 2, Local 3
Centro Negocios CADI
29200 Antequera (Málaga)
Teléfono: 952 70 60 04
Fax: 952 84 55 03
Correo electrónico: exlibric@exlibric.com
Internet: www.exlibric.com

ISBN: 979-13-87528-51-5
Depósito Legal: MA 2973-2024

Impresión: PODiPrint
Impreso en Andalucía – España

Nota de la editorial: ExLibric pertenece a Innovación y Cualificación S. L.

MERCHE GONZÁLEZ MONTIEL

EL MAR EN TU CIELO

Al amor de mi vida, in memoriam.
El mar siempre estará en tu cielo.

Presentación[1]

Este poemario, que hoy está en tus manos, es mi segunda obra, y la segunda también de la serie «Poemas para un click». Recoge 32 poemas escritos entre los años 2010 y 2024. Es un libro donde los poemas aparecen agrupados en dos temáticas definidas: el mar y el cielo, y van transitando por esos dos azulados espacios, tan semejantes, tan dependientes el uno del otro. Espacios que poseen la gran fuerza de pasar por mi vida y desnudarla ante ti. La finitud intangible que abarca nuestra mirada cuando se sumerge en la contemplación del mar —espejo del cielo—; el vaivén de sus olas o las nubes arrastradas por el viento; el olor a sal o a lluvia configuran un cosmos que, en definitiva, está plagado de estrellas. Arriba, las intangibles, las ausentes que no podemos alcanzar; abajo, las cercanas, las que puedes rozar con la punta de los dedos.

Las fotos que aquí aparecen, sencillas y humildes, no poseen ningún valor técnico, ni un buen enfoque; pero tampoco son un pretexto para los poemas, ni tan siquiera son las ilustraciones de aquellos. Las fotos encierran poemas en sí mismas. Son la representación mental de la poesía y lo primero que entra por la vista, esa que invade y contamina el resto de los sentidos, proyectando la imaginación.

---

[1]   Este es un libro solidario, cuyos beneficios serán destinados a AMAPyP, Asociación Malagueña de Afectados Polio y Postpolio.

Y me reitero cuando decía en mi primer poemario, titulado *Poemas desenfocados,* aquello de: «A un golpe de click, nuestra retina captura una imagen, como un haiku, y de ella surge un poema, un gran latido que borbotea palabras, puntos y comas».

El mar en tu cielo vuelve a mostrar el doble prisma que aúna lo material con lo inmaterial, el objeto y lo que él nos sugiere. Porque ni siquiera el propio objeto es algo objetivo, ya que debe pasar por el tamiz de nuestra mente, que proyectará siempre una imagen interpretada y, por tanto, subjetiva, que será nuestro punto de mira, nuestra visión personal.

A medida que vamos cumpliendo años, nuestro cielo se va llenando más y más de estrellas, y nosotros nos vamos haciendo más y más pequeños ante tamaña inmensidad.

La luz del Mediterráneo reflejará siempre, amor mío, tu cielo en mi mar y el mar en tu cielo.

Prólogo

La belleza capturada en imágenes y versos, una sinergia visual y literaria que amplifica el impacto de ambos medios… Qué difícil resulta a veces definir algo, cuando realmente ni siquiera es posible hacerlo. Ya saben, aquello de «tapar y ocultar con un dedo el sol». Y es que Mercedes González lo ha vuelto a hacer.

Con su característica sencillez técnica y un profundo significado simbólico, ha logrado que cada poema, en su aparente simplicidad, evoque una intensidad sensorial que casi permite a los lectores oler el salitre, escuchar las olas o sentir el calor del sol reflejado en el agua. Ha conseguido convertir cada poema en una experiencia visual y táctil que trasciende el texto —menuda tarea—.

El mar en tu cielo ofrece una inmersión poética que combina elementos simbólicos y profundamente sensoriales, centrados en el mar y el cielo como temas centrales, donde Mercedes explora estos espacios en su esencia tanto física como metafórica, mostrando cómo el mar y el cielo reflejan las emociones y los pensamientos, actuando como espejos de la vida misma y sus constantes transformaciones.

El poemario destaca por su capacidad para transmitir calma, nostalgia y contemplación, sensaciones logradas a través de una evocación poética detallada y lírica de elementos naturales como la arena, el agua, las olas y el viento. La obra invita a un recorrido introspectivo, durante el cual el mar se convierte en un símbolo de la memoria, de lo tangible y lo alcanzable, mientras que el cielo representa la esperanza y el anhelo de lo inalcanzable y lo eterno. Este juego entre lo material y lo inmaterial se traduce en un vaivén emocional que logra transmitir paz y, a la vez, suscitar un profundo sentido de pertenencia y vulnerabilidad ante la inmensidad de la vida.

Además, la presencia de fotografías —que la autora define como complementos simbólicos y no meramente ilustrativos— enriquece la obra, ofreciendo una dimensión visual que dialoga con los versos y da fuerza a la visión poética del conjunto.

En síntesis, estamos ante uno de esos libros que se nutre de la sencillez de lo cotidiano y lo eleva a un espacio íntimo y reflexivo, donde el lector puede descubrirse a sí mismo en el reflejo del mar y del cielo. Un libro cuya voz —la de Mercedes— resulta poco menos que entrañable y cercana, tanto como lo es ella.

Carlos Torres
Director editorial ExLibric

SOÑANDO EL MAR

SOÑANDO EL MAR

Si despierto y no veo el mar,
dejadme seguir soñando
reflejos de mar en calma,
que guardo para mí
en este mundo pequeño
de esfera cristalina,
cielo azul y nubes blancas.

Y un arrullo inconfundible
que mece lentos retazos
a ritmo vertiginoso,
donde se cuela un aroma
que evoca otros momentos
salados de risa franca
y breves domingos al sol.

Si despierto y no veo el mar,
pintaré el corazón de azul,
y mis lágrimas, entonces,
inmensos mares serán
en un hogar sin fronteras,
donde navegue un sueño
en la media luna blanca.

Camino hacia el mar

que espera

Nubes y mar,
azul en la mirada,
día de playa.

Camino sola hacia el mar.
Es tarde, el día está radiante,
pero es tarde.
Las nubes suavizan el cielo
como una caricia de agua.
El mar espera.
Mis pies cansados y errantes
no dejan huella,
el aire del sur las borra,
las embebe, se las lleva,
dejando huérfana, desnuda,
estéril, la arena seca.

Bañistas despreocupados
contemplan
un mar sin olas,
que espera.
Sombrillas abandonadas,
desiertas,
a la izquierda de mis días,
de las miradas ajenas,
y barcas que allí reposan,
a lo lejos, muy pequeñas,
diminutas en su anclada,
traviesas.

Camino azul y blanco,
espejo de cielo, puerta
abierta al firmamento.

Es tarde, me espera…
me llama en la lejanía,
me acecha
el camino así cortado
por cuchillito de arena,
tragado por un abismo
salado en la espera estrecha.

Cielo y arena

Cielo y arena,
la vida en medio
sujeta la bóveda,
sujeta la tierra,
esa fina línea
de vida completa
que sostiene la bóveda,
y sustenta la tierra.

El mar baña almas
untadas de brea,
y el azul recorta
la gente dispersa
que en sus vidas pintan
opacas tristezas,
y relucen soles,
como vidas llenas.

Sobre un otero soñado,
se alza la torre vigía,
vieja atalaya de grandeza,
de recuerdos de corsarios,
hoy apagada y yerma,
carrusel de emociones,
silencio en boca nueva.

No quisieron asomarse
las nubes,
por no manchar
el azul
y hacer sombra en la tierra.

Se perdieron tras los sueños,
evocando primaveras.

Cielo y arena
la vida en medio…
                    pasa en silencio.

Un oasis en tu mar

Esas palmeras
limpian de polvo el aire.
Despejan el cielo.

Un oasis en tu mar
donde quedarse tranquila,
al resguardo de las olas,
al cobijo de la urdimbre,
a la espera de la sombra,
y tenderse cara al cielo,
al cielo…
que las nubes encapotan.

Un oasis en tu mar,
en él te espero a solas,
para pintar los azules
y los brillos de las olas,
que las olas vienen solas
al encuentro de las sombras
de palmeras engreídas
que enmudecen caracolas.

Mar mercurio

Barcas dispersas,
quietud en la mirada.
El mar descansa.

Han llovido barcas-hojas,
mar mercurio, plata densa,
que rompió el termómetro
a fuerza de calor
y fiebre submarina,
en un charco profundo
sin olas, sin brisa,
sin seres que pueblen barcas,
que conduzcan sueños,
que enreden el nácar de la orilla
y ricen caracolas con almas de difuntos.

Han llovido barcas, como hojas
que flotan, un calendario quieto
que se asoma al balcón del tiempo.

Y un pájaro solitario,
como el sol,
se baña en humedad de peces
buscando consuelo,
alimento de los pobres.

Te veo escribiendo poemas

A Consuelo.

Te veo escribiendo poemas
a la orilla de la mar,
—al fondo, la ciudad emerge—,
poemas que deshojan margaritas
que flotan en suspiros,
y cada pétalo, un verso,
y verso a verso,
poemas…

Tú, de espaldas,
sentada en la arena,
a contraluz,
poemas…

Las olas llegan en silencio,
chiquitas y despacio,
no quieren interrumpir
la inspiración que vuela,
como gaviotas
enredadas en tu pelo.
Y en tu pelo, poemas…

Y tú sonríes, haciendo
guiños a las caracolas,
que te cuentan historias,
historias de mar
que tú traduces en versos,
poemas…

Yo te observo de lejos
por no romper la magia,
ni quebrar el cuadro de arena,
la acuarela sin firmar,
donde una niña mujer
compone versos,
que el pudor ocultará
bajo las sábanas
de la luna.

Poemas...

PUESTA EN LA PLAYA

El sol se ha puesto para no verme
y, sin embargo, asoma
y me sorprende,
como un colegial que juega
a ahuyentar palomas.

Me busca en su rayo
y yo lo sigo a un mar de barcas,
mar platino,
donde bañar mis sueños de atardecida
al arrullo incansable
que susurran olas
en una orilla dorada de caramelo,
húmeda de sal y lágrimas robadas.

Y el cielo se enrojece de pudor,
no quiere ser reflejado.
Ha decidido ser mar.

El niño y el mar

Y el mar que reverbera la luz de tu mirada,
que eclipsa el sol en su cenit,
hambriento de resplandor,
las tiernas manos que atrapan sueños de futuro,
como atrapa el viento cada mañana en su vuelo
el día que proyecta ser siempre infinito.

También es el mar, con su denso manto de mercurio,
el que atrapa tu mirada inocente en el juego,
intrépida curiosidad de un capitán corsario
que surca mar y sueño en el mapa de tu corta memoria.

Recíprocas caricias de niño y mar,
de un domingo en la mañana.

Paréntesis de vida

¡Detén el vuelo, no hay prisa!
En este paréntesis de vida,
el sol realiza el milagro diario.
Se sumerge para buscar caracolas
en las profundidades oníricas,
mientras un bolero mece
las barcas a la deriva
en un escenario plateado,
de puro mar,
sobre notas blancas saladas.

Las palomas se posan,
como filigranas, en farolas,
mirando hacia el horizonte
que saben lejano en su vuelo.
Ellas son de tierra adentro.

Aparecen al atardecer
como un ilusionismo
de manos de un gran mago
que, de improviso,
realiza su número perfecto
de chistera dorada,
tras un fondo en calma,
fondo silencio,
piar de gaviotas
que declaman versos
en la bahía.

¿No ves, mi amor, las palomas?
Se posaron, girasoles alados,
hacia la luz del sur,
esperando el milagro diario
tan conocido y tan ansiado,
tan soñado y tan real.

MERCHE GONZÁLEZ MONTIEL

Las barcas

En reposo,
sobre una arena acogedora
que es manto, tapiz
donde posarse, rozando apenas…
porque las barcas vuelan en su descanso,
soñando peces y sirenas.

Ahora reposan frente al mar,
al sol de una mañana amable
que no sabe de tempestades,
ni de mareas, sudor y brea,
con un cielo blanquecino
que platea la luz
y pinta de espuma las barcas.

Ahora posan,
en estático conjunto
—perfecto bodegón salado—,
y juegan sobre un tablero
el juego de la mar,
a la espera,
sin pudor a las miradas y adivinanzas
de aventuras y peripecias inventadas.

La mar les da un respiro
terminada la faena.
Las barcas al sol tendidas
colorean, generosas, la arena.

Y yo suspiro en silencio,
bebiendo de aquella escena,
que la luz embriaga mi mente,
y la mar…
la mar siempre me llena.

Un beso, una vida

La vida se sirve en un mar en calma,
cuando regalas vida,
cuando compartes vida.

La vida arrincona al tiempo huidizo,
la vida nos sacia cada mañana
a los insatisfechos de la noche-día,
de la noche-madrugada en que no vemos vida,
solo la sombra de esa luz proyectada
que nos recuerda que fue primero mañana
o primero fue noche…
Ambas se sucedieron a partes iguales.

La vida se sienta en la arena
formando un gran corro
que celebra y brinda por ella.

La vida, se ama la vida…
la vida maltratada,
la vida prostituida,
la vida soñada,
la vida… vivida.

En un beso
te ofrezco mi vida
encerrada,
añorada…
un beso, una vida.

Un poema marinero

Un poema marinero
ha echado el ancla en tu playa;
el cielo de atardecida
olas de besos atrapa,
y la niña juega y juega
con caracolas de nácar
en la memoria del viento,
en el salitre del agua.
Corazón en las estrellas,
recuerdos en esa barca.
Hace castillos de sueños,
los pies en la arena clara,
descalzos de sus temores
que se lleva la resaca.
Dónde, niña, la inocencia,
dónde las redes alcanzan
enredadas en tu pelo,
maraña de canas blancas.

Infancia en la mar serena,
brillantes versos de plata.

YO, ESCONDIDA

Salió la luna,
se apagó la tierra,
el mar se encendió.

La quietud cabalgó
por mi mirada de luna,
como Pegasos alados,
en la mágica noche.

Yo, escondida
tras las finas hojas;
tú, ensimismado,
plateando las olas,
cincelando el horizonte,
sutil línea que separa
cielo y mar,
brisa, marea.

Embebiste mi presencia
y, sin querer molestarte,
me diluí en la negritud
para formar parte de ti,
tierra, arena.

MAR ARGENTO

Mar argento,
rizado por un orfebre.
Eolo labrando la superficie
brillante de luz prestada,
reflejo de los dioses.

Cuando el mar es
más blanco que el cielo,
entonces
se confunden las sirenas,
que cantan sobre las nubes,
y los peces
sueñan con ser marineros,
pescadores de ángeles.
Danza en música la brisa
juguetona,
que quiere hacer bravo al mar.
Pero la quietud impera
allá donde la vista se pierde,
porque se pierde…
igual que el camino azul
sobre la arena que engulle los pasos.

A rayas, las casetas
pueblan un hábitat vertical tan familiar
de recuerdos atesorados,
en perfecto desorden humano,
sabiendo el lugar que ocupan
en este microcosmos espejado
de mar y cielo.

El albo duerme (onírico)

Verbilargo,
corta el viento
bocanadas
de aliento.

Un caballo relincha
donde aúlla el lobo
y traga luz la noche
áspera, de un sorbo.

El albo duerme,
el niño sueña.
Luz imagina
que centellea.

Pescador

Un centinela que cuida y ordena las aguas,
un director que coreografía el baile de las olas,
un equilibrista contador de peces.

¡Pescador que ensartas los sueños en la amanecida
con el salitre en la boca
y los ojos llenos de infinito!
Seca piel que arde sobre el mar del sur.

Ondulado

Ondulado y sin aristas,
con azules pinceladas,
el paseo se despliega
a la orilla de la playa.
Olas duras de azulejos,
sin espumas, sombreadas,
sinuosas en sus eses
culebrean las pisadas.

Las barquillas a lo lejos
el mar, ansiosas, aguardan.
Ensenada de refugio,
huele a brea, huele a casa,
a salado despertar
de un nuevo día que pasa,
a sol que lame y relame,
las nubes curvas y blancas.

¡Algodón que nos aclara
azulina la mirada!,
una mañana cualquiera
con el fulgor de la brasa
de una noche en primavera,
con estrellas derramadas.

Tras la alambrada, tu playa

Tras la alambrada se desdibujó tu playa.
El mar perdió su horizonte
y todo se cubrió de gris.

Desde el cielo, se abrió una impotente luz,
no pudiendo aclarar los borrosos matices,
en una inextricable escena entre arena y mar.

La gente se debatía en un difuminado ir y venir,
donde las sombrillas solo eran mudas espectadoras
de tan confuso paisaje.
Y una barca se amparaba
bajo la tenue sombra de un árbol.

Al otro lado de la alambrada,
pareciera que se velaba la noche.

Atardecer en el muelle

Antes de que se duerma el sol sobre las aguas
y la noche lo devore sin piedad,
en este duermevela dorado del atardecer,
te veo, muchacho sedente, a solas,
apurando los últimos rayos de luz
de un sol con vocación de ser luna,
y un mar, espejo donde mirarse.

Sentado sobre el noray,
como esperando un barco que no llega,
con la cabeza gacha
y el móvil en las manos,
has compartido tu ubicación
y se han revolucionado los emojis
más allá de la pantalla,
más allá del corazón.
El ruido interior mata al silencio
que viste el sueño de las gaviotas.

Tú, de espaldas a todos,
abogas por la intimidad,
pero envías un wasap al aire,
que el cielo recibe preñado de sol tibio,
como un brocado desteñido.

Tú, de espaldas a él,
a ese sol que todavía se asoma
para descansar, inmenso, sobre tus hombros.
Antes de marcharse hoy,
cegará tus ojos.

Tú, de espaldas a la ciudad,
que juega ya con las sombras,
proteges tus datos,
porque defiendes tu privacidad.

¡Pobre necio, ya todos saben de ti!

Reflejos dorados

Málaga se ha vestido de noche y quietud.
El manto que la cubre deja caer sus flecos
culebreando el dorado, como una caricia de estrellas
que lamen el mar, negro de luto
—este año sin feria—,
que se ilumina de ámbar, ocre, naranja…
Flotan los amarillos alineados y brillantes sin luna.

Noche cómplice, cálida y serena,
para pasear un amor de verano,
sin bullicio ni nada que distraiga el sentimiento,
sin nada que separe nuestras manos
prendidas, como por un nudo marinero,
incapaces de soltarse.

Al fondo, la catedral se ha hecho sol
y preside regia la foto que hoy he capturado para ti,
recuerdo y testigo mudo de una promesa
que tú y yo sabemos que se llevará el viento del otoño.

ENTRE NUBES

ENTRE NUBES

Entre nubes se dibuja tu sonrisa,
ahora más ancha,
brillante como un cielo de abril.
Faltó quedarte para beber un último suspiro,
pero el cielo, urgente, embebió el día
hasta hacerlo diminuto.
Y yo empapada de ti,
no pude detener el tiempo que era nuestro.
Soñábamos con nubes, ¿recuerdas?
Esas algodonosas que mullían la mirada,
esas blancas, turgentes,
que parecían poder ser tocadas con los dedos.
Solo eran nubes,
pero se nos antojaban jinetes cabalgando
y violines desafinados que corrían hasta desaparecer
difuminados por el viento.
Entonces el cielo era tan amable…

MERCHE GONZÁLEZ MONTIEL

LAS OLAS SE EQUIVOCARON

DE MAR

Las olas se equivocaron de mar,
quisieron refrescar el cielo
y bañar las azoteas.

Se hicieron espuma
para limpiar la deriva de las almas.
Se hicieron merengue y nata,
y endulzaron los querubines celestes.

No encontraban el mar, se equivocaron
y confundieron los puntos cardinales.
No siempre el norte nos indica el camino.
No siempre el norte se encuentra en el norte.

¿Y si llueven olas?
¿Ahogarán la derrota y el infortunio?
¿Ahogarán el miedo y el fracaso?

¿Y si llueve espuma?
¿Limpiará el mundo de todo lo malo?

¿Y si llueven merengue y nata?
Si llueven merengue y nata,
sabré que me mojarán tus besos.

MERCHE GONZÁLEZ MONTIEL

Líneas en el cielo

Las líneas convergen
en un punto exacto.
El destino marca el curso
sobre el cielo, proyectando
luces de nubes blancas,
que arañan, horadando
el espacio azulíneo
de un blancor plateado.

Las palmeras, sutiles,
graciosas, se dan la mano,
caricias vegetales
apenas rozando.
Y se unen con sus curvas,
haciendo un entramado
de amores sinuosos,
apenas susurrando.

Puntos infinitos,
sobre el azul del plano,
que a fuerza de ser cielo,
se convirtió en encerado
que encierra la curvatura
que redondean los dados.
Coordenada intrincada
que ansía abrazos
de sol y tarde,
de viento calmo.

MERCHE GONZÁLEZ MONTIEL

VOLARÉ A CIELO ABIERTO

Volaré a cielo abierto
cegada por el sol y por la vida,
cegada en el amor con vocación suicida,
cegada en la pasión de ser vivida,
cegada, que no ciega en la existencia.

Que no existe en tiempo que corroe
la certidumbre de haber pasado en el camino
la misma senda que transita,
la misma ruta en que se evita
un tropiezo, un paso en falso consentido.

Volaré en un azul intenso iluminado,
bañado de sonidos y de risas,
de acordes de domingo,
de campanas de misa.
Volaré sin premuras, volaré sin prisas,
volaré por ti, por mí, por tantos otros
que no supieron, no pudieron elevarse
y rozaron en vuelo bajo, como ultraje
a la libertad adquirida, ganada y construida.

Volaré en soledad acompañada
de reflejos de otras soledades
inmensas, inconmensurables,
preñadas de vida, ofrendas del aire.

MERCHE GONZÁLEZ MONTIEL

Una torre en el cielo

Ensarta las nubes
como una puntada
en un encaje celeste,
que deshilacha sobre la torre
y dora el tiempo
con agujas divinas.

Las farolas ya no alumbran,
porque el cielo no las deja,
untadas de sombra,
ahora iluminan un abismo insondable
allende los universos estelares.

Y la campana llama al tiempo
por su nombre numérico contable,
mientras las blancas madejas
se enredan, una y otra vez,
tejiendo puntadas,
en las agujas que prenden los sueños,
sutilmente.

Levanta el vuelo, Pegaso

Levanta el vuelo, Pegaso,
que el Progreso reclama su tributo
y no hay rienda que te frene,
ni arado que te surque
en semilla de cordura.
El caduceo te señala el camino
hacia tu constelación,
brotando el agua allá donde pisas,
hijo de Poseidón,
nacido de la sangre derramada
del lago rojo de Medusa.

Pegaso, verso, poesía,
el laurel sagrado de Apolo
roza la lira que entona
el canto sabio de la fuente celeste.

La Gloria, victoria alada,
sustenta los bríos.
Ciencia y Arte derraman en sus flancos
la fuerza que la Gloria promete.

¡Y tú, Pegaso,
desata las bridas de Atenea,
y vuela libre
en un cielo blanco azulíneo!

PÍNTAME EL DÍA DE ROSA

Píntame el día de rosa,
quiero alegrar al sol naciente
con patuquitos azules
y carita sonriente.

Salpica el cielo de flores
que iluminen, graciosas,
rosa, rosae, rosa…

Cómprame un algodón muy dulce
con florecillas de azúcar,
que mi boca
desee la risa que provocan
en tus labios
mis dedos juguetones.

Perfúmame la estancia
de jazmín, nardos, azucenas.
Llena el aire de recuerdos
amables, de tierna infancia
y loco despertar...

Y es que hoy las flores...
las flores, esas flores...
las flores estampan el cielo azul,
como un papel pintado,
llenándolo de promesas rosas
y belleza eterna,
que para el tiempo
en su contemplación elevada.

El azul es limpio,
fresco, comestible.
Los labios manchados de nubes,
el alma ávida de vida.

MERCHE GONZÁLEZ MONTIEL

El naranjo me recuerda

El naranjo me recuerda
a una infancia feliz,
olor a niño y a huerta,
olor a pecho senil,
olor a nana y almohada,
olor a marzo y abril.

Alcánzame el farol del cielo,
el que vigila el jardín,
el que tiñó de celeste
aquella tarde febril.

Yo jugaba con naranjas
cuando a ti te conocí,
tú prendiste en mi pelo
una flor blanca y añil.
Y nos dijimos «te quiero»
doscientas veces o mil.
¡Cuánto amor cupo en tus labios!
¡Qué escalofrío sentí!

El cielo se engalanó
moteado de azahar,
y aquellos jóvenes niños
usaron el verbo «amar».

MERCHE GONZÁLEZ MONTIEL

Luna vegetal

Luna vegetal
que recorta un cielo de encajes
como un mordisco lujurioso,
verde y azul,
derramado y desgranado
a pleno sol, a plena luz.

Índice